비로소 꽃이 되었다

김종철 시집 III

PROLOG

어쩌면 틈틈이 얻게 되는 자투리 시간이 본연의 시간보다 더 소중할지도 모릅니다. 자투리 시간에 어떤 이는 산책을 하며 사색하고, 어떤 이는 그림을 그리며 행복에 젖고, 어떤 이는 달리기를 하며 몸과 마음을 단련하고, 어떤 이는 별을 보며 상상의 나래를 펼칩니다. 저는 자투리 시간에 시를 찾았습니다.

녹녹치 않은 하루 일과 중에 문득 시적 영감이 떠오르면 신이 준 선물을 받듯 소중하게 한 조각 문장을 적어 두었습니다. 한음 한음을 놓치지 않으려는 음악가처럼 한 문장 한 소절을 놓치지 않으려고 가슴에 깊이 새겨 두었습니다. 옷을 만들고 남은 자투리 천 조각으로 아름다운 밥상보를 만들 듯, 조각 문장들이 만나서 시가 되었고, 시들을 모아서 세 번째 시집으로 엮었습니다.

    변호사회보, 감사저널, 영축문학, 여기 문예지에 실었던 시가 있고, 가까운 지인에게만 살짝 보여준 시도 있고, 감사하게도 제10회 한국꽃문학상 대상을 받은 시도 있습니다.

    시인은 단 한 사람이라도 행복하게 되는 시를 쓴다면 기쁨이고, 두 사람이 희망을 얻게 되는 시를 쓴다면 더없는 보람입니다. 매서운 겨울을 견디고 3월의 꽃들이 피어 세상을 환하고 행복하게 하듯, 시를 읽으며 가슴 속에 아름다운 꽃들이 피어 하루가 환하게 되시길 소망합니다. 소중한 자투리 시간에 좋아하는 한 문장을 읽어주시면 저는 홀씨 되어 아주 멀리서라도 날아가 곁에 머물며 함께 하겠습니다.

2025. 3.
교대역 부근에서 / 시인 **김종철** 올림

괴테의 시 쓰기

경험하지 않은 것은 쓰지 않되
경험한 그대로 쓰지는 않는다.

시가 어려운 것은
시인의 세상살이가 어렵기 때문이다.

세상인심이 모호하다고
그대로 모호한 시만 쓸 수는 없다.

누구나 시인을 미워하진 않지만
누구도 가난한 시인을 초대하진 않는다.

바람과 꽃과 달과 별을 가진 그대여
그대는 슬픈 사랑을 할지라도
기쁜 사랑을 노래하라.

슬픔을 경험하지 않은 이는 진정한 기쁨을 모르리니,
그대의 슬픈 사랑으로
세상의 모든 사랑이 기쁨으로 충만될 수 있도록.

차 례

Prologue 2

여는 시 | 괴테의 시 쓰기 5

하나. 바람이 머문 자리

들꽃 13
볕뉘 14
모두, 3월 17
미선나무꽃 19
보리꽃 21
오월 23
통도사 배롱나무 25
별은 그대 곁에 27
<저>가 <나>에게 28
명화 한 편 31
이별까지 사랑해서 32
문제는 사랑이야 35
가을 나무 아래서 37
부처님이 웃는 까닭 39
구어체 41
슬픈 노래는 부르지 않으리 43

구두　45
서운암에서　46
고난이 지난 후에　48
구름꽃　51
모른다　53
길상사에서　55
세월 유정　57

둘. 시간의 결을 따라

물은　61
해바라기　63
새해 아침　65
2월　67
먼 길을 가려면　69
현자의 좌우명　71
현대인의 꿈　73
오늘에게　75
큰 스님의 차 한잔　77
서운암 장독　78
여의도 소나무　81

팔감회칙　82
꽃그늘　85
명동역 부근　86
무명 가수　90
빚　93
스님의 물고기　95
11월　96
예순 내 친구　98
겨울나무　101
나이가 든다는 것　103
무풍한솔길 걸으며　104

셋. 햇살로 피어나다

엄마는 달　109
너를 보고　111
봄비 보다　113
말린 꽃　115
능소화　117
장대비 바라보며　118

* 유튜브에서 '라임 아이리스' 또는 '김종철 시인'을 검색하거나 본문의 QR을 스캔하면, 아름다운 목소리로 낭송한 <꽃그늘>, <무명 가수>, <이작도 풀등> 영상을 감상할 수 있습니다.

가을이다   121
함께 가을을 기다림   123
낙엽의 꽃말   125
가을하늘 편지   127
짜장면   128
홍대 부근   131
조약돌이 된 내 친구   133
나무에게   134
비 내리는 한밭수목원   136
스치거나 스며들거나   141
노을이 하는 말   143
심금(心琴) 친구   145
송년에는 밤이 길다   147
내 마음의 안식처   148
그대와 저녁 커피   150
바다가 보이는 집   152
노을빛 윤슬, 그대   155

맺는 시 | 이작도 풀등   156

Epilogue   158

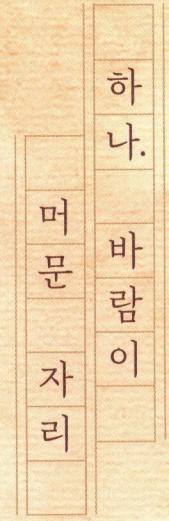

하나. 바람이 머문 자리

삶 속에서 작은 들꽃처럼,
따뜻한 볕뉘처럼 다가오는 순간들

들꽃

그대
어느 바람에 실려와
이 빈들에 뿌리를 내렸나.

꽃샘바람 차가워
안쓰럽기만 한데

그대는 마냥 웃으며
나를 반기네.

어느새
내 가슴 살포시
그대 홀씨 날아와 앉았네

내 가슴에 들꽃이 피겠네.

볕뉘

그대는 나의 볕뉘

내 인생의 종착역이
어떤 이에게는 출발역임을 알려준 사람

그대의 정다운 햇살로 인하여
나는 나를 버리고 나로 다시 태어났다.

겨울을 예감한 자작나무들이
마지막 하늬바람 멜로디에 흥겨워
잎새 나부끼며 춤출 때

춤결 사이 사이로 쏟아져 내려
대지에 피어나는 수만 송이 햇살 꽃들은
얼마나 아름다운가!

우주를 나르는 환희
세월을 붙잡았던 아득한 격정의 시간을 지나
끝내 태양으로부터 완전히 결별하는 슬픔의 시간에
볕뉘들은 대지에 스며들어 억 만의 꽃들을 잉태한다.

어둑한 세상에서도 사랑의 눈빛 잃지 않으면
우리는 모두 누군가의 볕뉘가 된다.

그대가 볕뉘 되어 나를 꽃피우게 하였듯이
나도 볕뉘 되어 자라나게 하고 꽃피우게 하리.

모두, 3월

3월에 태어난 그대가 너무 멋져
나는 그대를 '3월'이라 부른다.
웃으며 마음속으로, 꽃을 보듯.

3월의 꽃들은
비탈진 강언덕, 산골짜기, 너른 들, 소담한 정원
어디 든 마다하지 않는다.
멋진 이는 어디서든 멋지다.

꽃샘바람 차가운 날도
진종일 봄비 내리는 어둑한 하루도 있지만
꽃은 고개 숙이지 않고, 미소 잃지 않는다.
늘 행복하게 웃는 이 아름답지 않을 수 있을까.

3월의 꽃들은 행복의 비밀을 알고 있다.

3월의 꽃들을 사랑으로 바라보면
누구라도 다시 봄으로 태어난다

모두 3월이 된다.

미선나무꽃

추운 겨울 견디고
하얀 얼굴로 곱게 핀 미선나무꽃.

달콤한 향기가 그윽한 너를
흰색 개나리로 알았던 내가 미안하구나.

하루하루 정겨움이 쌓이면
그 마음 잊지 못해 하트모양 열매를 맺는다니

알면 알수록 매력 넘치는 그대여!

가만히 눈을 감고 그대 향기 맡으니
이 세상 모든 슬픔이 사라지네.

보리꽃

곡식을 거두기 위해 일만 하시던 아버지는
멋을 모르는 줄 알았습니다.

한사코 밀짚모자만 쓰시던 아버지는
색색의 고깔모자는 싫어하는 줄 알았습니다.

보리가 자라는 아버지의 밭에 놀러 갔습니다
보리는 꽃이 없는 줄만 알았습니다.

보리도 꽃을 피우고 있었습니다
보리꽃을 보고
동그란 눈으로 아버지를 바라보았습니다

아버지는 풍요로운 미소로 말씀하셨습니다.

"세상의 모든 열매는 꽃이 있단다.
세상의 모든 사람에게 아름다운 사랑이 있듯"

오월

오월에는 오월처럼 살자.

따듯한 햇살만큼
따듯해지고,

부드러운 바람처럼
부드러워지고,

녹음이 짙어지는 만큼
성숙해지고,

장미가 붉은 만큼
순수한 사랑을 하자.

오월은 계절의 여왕
계절을 아는 이는
오월에는 온전히 오월이 된다.

통도사 배롱나무

가신 님 그리워
다시 찾은 통도사

화사한 얼굴로
반겨주는 배롱나무

그대도
떠난 벗이 그리워
밤새 울었나요.

떨구어진 붉은 꽃잎
고아서 더 슬픕니다.

별은 그대 곁에

별은 항상 떠 있다
맑은 날도, 흐린 날도, 비가 오는 날에도

별이 떠 있다고
언제나 별을 볼 수 있는 것은 아니다.

별은 밤하늘 어둠이 깊을 때
비로소 초롱초롱 빛난다.

그대가 늘 보지 못해도
항상 그대 곁에 있는 이가
그대의 별이다.

그대 어둠에 길 헤맬 때
청사초롱 되어 앞길 밝혀줄.

<저>가 <나>에게

내 안에는 <저>와 <나>가 있습니다
<저>는 세상만사 걱정이 많은 형이고,
<나>는 왠지 시니컬한 동생입니다.

<저>는 매일 <나>에게 편지를 씁니다
힘내라, 기뻐해라, 감사해라.

<저>가 <나>에게 쓰는 편지는
<니> 스스로 하는 기도보다 이쁘고 강합니다.

<저>가 깜빡하고 편지 쓰길 게을리할 때
<나>는 우산도 없이 빗속을 거닙니다.

하여, <저>는 매일매일 <나>에게 편지를 씁니다
힘내라, 기뻐해라, 감사해라.

어떤 날은, 비 온 뒤 햇살 닮은 <나>의 눈빛을 봅니다
<저>도 좋아서 세상 걱정을 잊게 됩니다

매일매일 편지를 쓰면 행복하게 됩니다.
<저>가 <나>에게.

명화 한 편

오랜 연인과 헤어지는 일은
익숙한 세상을 떠나야 하는 것과 같다.

오랜 사랑을 놓아주어야 하는 것은
중독된 습관을 버려야 하는 것과 같다.

내가 주연인 영화에서 뛰쳐나와
이제 관객이 되어 웃고, 울고, 미소 짓고, 추억하며
너 없이도 행복하여야 한다.

인생은 한 편의 영화 같아서
관객이 되면 슬픈 사랑도 추억이 되고
아파도 아름답다.

나는 가끔 슬프고, 아픈 영화를 본다
그래서, 나는 자주 행복하고, 네가 너무 아름답다.

이별까지 사랑해서

만남보다 이별이 아름다워야 한다.

만남은 준비되지 않은 우연한 그림
이별은 서로의 운명이 덧칠하고, 덧칠하여
그려진 영혼의 그림

그대 스스로 돌아보아도
만남보다 이별이 더 아름다워야 한다.

사랑의 순간을 가운데 두고
슬픈 기억들은 기쁜 생각으로 덧칠하자.

사연이 깊을수록 눈빛 빛나고
애증이 많을수록 추억도 행복하여라

석양도
구름 낀 저녁노을이 더 아름답지 않던가.

파두의 음률이 노을빛에 물들 때
꿈꾸듯 노래하는 그대여

이별까지 사랑해야 끝없는 사랑

이별까지 사랑해서 아름다운 그대.

문제는 사랑이야

이해하려고 하지 마라
용서하려고 하지 마라

사랑하라
사랑하면 이해하게 된다
사랑하면 용서하게 된다.

가을 나무 아래서

나뭇잎은 푸른 덧칠을 벗고
본연의 색깔로 빛난다, 가을이 오면.

자기 색을 찾은 가을 나무는
얼마나 아름다운가!

높다란 푸른 하늘도
가을 나무와 춤추려고 햇살 반짝이며 내려오네

가을 나무는
자신의 빛깔로 사랑을 한다.

가을 나무 아래 서면
나도 내 빛깔 내가 되어서, 행복하다.

부처님이 웃는 까닭

어제
순이 엄마가 다녀갔다고 한다
순이의 행복을 빌었다고 한다.

오늘은
순이가 다녀갔다고 한다
엄마의 건강을 정성으로 빌었다고 한다.

부처님은
순이 엄마가 왔을 때 순이 마음 되어 좋았고
순이가 왔을 때 순이 엄마 마음 되어 행복했다.

겉으로는 그렇지 않은 것 같아도
사실은, 세상 사람 모두가 서로를 기원하고 있음을
부처님은 전부 아시고 계신다.

그러니, 항상 미소 지을 수밖에.

구어체

과거도 힘이 있다
잊혀지지 않을 때

낮은 말도 힘이 있다
사랑 담겨 있으면

생각은 힘이 쎄다
너의 운명이 된다.

비로소 꽃이 되었다 __ 42

슬픈 노래는 부르지 않으리

슬픈 노래를 부르면
슬프게 된다 하네

나는 슬퍼도
슬픈 노래는 부르지 않으리

슬픈 날에는
우리가 사랑했던 시절을 생각하리

이토록 멋진 가을날
생을 마감하는 낙엽도 마냥 춤추며 떨어지는데

내 슬픔도 내가 함께 춤을 추면 기쁘게 된다네
슬픈 노래도 외롭지 않으면 기쁜 노래가 된다네.

비로소 꽃이 되었다 __ 44

구두

모든 이의 구두는
그 주인을 닮는다.

맑은 날, 비오는 날, 꽃길, 흙길
늘 함께하기 때문이다.

함께하면 닮게 된다.

그대가 구두를 아끼고 닦으면
그대도 귀한 사람이 된다.

서운암에서

단언컨대, 우리는
필연을 우연이라고 말하며 산다.

정해진 외길 인생 길을 걸으면서도
고민 끝에 선택한 나의 길이라고 우기기도 한다.

그러나, 그대
뒤돌아 눈을 감아보라
그대는 왜 이곳에 있는지
어느 바람이 그대를 휘감아 다시 떠나게 하는지.

생각이 말의 씨앗이 되고
말이 다시 마음의 씨앗이 되어
윤회의 나선형 계단을 오르고 올라
문득, 나마저 내가 대견해질 때.

비로소, 사랑의 눈을 떠
다정한 눈빛만으로도 고운 꽃들이 피어나리니.

그때, 진실로 사랑이 그윽한 이는
오롯이 부처의 뜻으로 살아왔다고 말하네.

고난이 지난 후에

내 나이 서른에
내 문장 첫 줄은 이미 바람에 지워졌다.

버려지는 모든 것들은
정확한 영문도 모른 채 버려진다.

나도 그랬다

그 시절 바람들은 차가웠고
불 때마다 윙윙거리고
문장들은 물구나무서거나 뒤바뀌어 맴돌았다

나는 꼭 그래야만 하는 것처럼
바람에 맞서야 했다

짐짓 폼나는 한 철이 지나고
나도 모르게 계절이 바뀌어 갔다

저도 모르는 사이 바뀌는 세상
그것이 고난의 계절인 것이다.

다행이다.

넘어지고 상처받아도
끝까지 남는 사랑이 있다.

베어 물린 청동거울을 갈고 닦아
비추어 본 세상에도 계절이 보인다

흐린 날 바람은
바람 시인이 내 곁에 오는 날
맑은 날 바람은
바람 숨결이 내 시집 책장을 넘겨준다

고난이 지난 후에
바람의 노래가 들린다.

내려놓고 귀 기울이면
잊었던 내 인생의 첫 문장이 상처 씻고 웃고 있다.

구름꽃

붉은 석양 햇살 받아
구름꽃이 피었다

커다란 아네모네
분홍 장미도 멋지게 피었네

서쪽 하늘은
커다란 도화지

수고한 하루
귀가하는 그대에게

하늘이 그려주는
매일 다른 그림 선물.

모른다

사랑에 빠져 있을 땐
사랑을 모른다.

행복에 겨운 때에는
행복을 모른다.

특별함이 일상이 될 때
특별함을 모른다.

잃게 되면 비로소 알게 되고
떠나보면 그리운 것이 인생.

그대 하나로 인하여
세상 모든 것이 바뀌게 되는 것을
그대만 모른다.

비로소 꽃이 되었다 __ 54

길상사에서

어느 시인을 사랑한 보살 길상화
그 사랑을 부처님께 고했네

억만금의 전각보다 시 한 줄이 소중하다는 말
부처님의 가르침에 맞닿아 있네

욕심도 버리고, 미련마저 버린 한 사랑이
자비 되어 다 주고 떠났는데
그대는 모두를 가졌네

무소유 가르치신 법정 스님 암자는
텅 비어 내 마음 가득 채울 수 있었네

다 가지려고 재주피우다
연기처럼 모두 잃고 찾아온 길상사

욕심은 물론 근심마저 무소유 되니
그 사랑, 그 가르침은 끝이 없이 향기롭네.

비로소 꽃이 되었다 __ 56

세월 유정

서둘러 먼저 오른다고
기차가 먼저 출발하는 것이 아닌 것처럼

땀 흘려 거름을 많이 준다고
꽃이 일찍 피는 것이 아닌 것처럼

남보다 열심히 살았다고
먼저 행복해야 하는 것은 아니다.

때가 오면 기차가 출발하듯
철이 되면 꽃이 피듯
그대에게도 사랑의 계절은 오리니.

정이 깃든 세월은
마침내 그대를 꽃 피워 내리니.

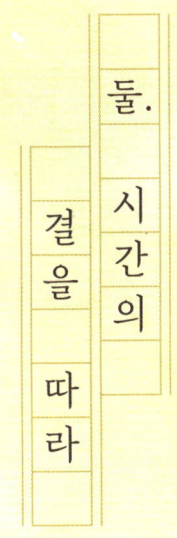

둘. 시간의 결을 따라

누군가의 나룻빛이 되어,
서로에게 온기를 건네는 시간

물은

물은, 더 낮은 곳으로 흐른다는
단 하나의 법칙으로 산다.

동쪽이 높으면 서쪽으로
서쪽이 높으면 동쪽으로 돌아 흐른다.

누군가 막아서면
모이고 뭉쳐 어깨동무하여 둑을 넘는다.

그리하여 끝내
드넓은 바다에 이른다.

해바라기

해바라기는 원반 되어
하늘 멀리 온몸으로 날고 싶었다.

사모하는 태양을 향해
푸른 하늘을 오르고 싶었다.

하늘을 날 수 없는 해바라기는
온 힘을 다해 얼굴을 크게 하고,
해님을 바라보고 노랗게 웃는다.

해님 지면 해바라기는 꿈을 꾼다
태양의 나선형 궤적처럼 궁글게 씨앗을 품는다.

새해 아침

새해 첫날
붉고 흰 노란 태양을 맞이하며
설레는 사이

한 해가 덥석 나를 안았다
반갑다. 행복하자. 보람차자.
내 어깨를 두드린다.

새해 바라는 것이
365개 있었지만,

눈 감고 하나만 간절히 기도드린다
제가 아는 모든 이
건강한 한 해 되게 하소서.

비로소 꽃이 되었다 __ 66

2월

새해맞이 수많은 맹세와 바람 중에
정갈한 몇 개만 선택하게 되는 2월이다.

너무 큰 바람은 욕심임을 아는 2월.

가지 치는 마음으로 들뜬 꿈은 접고,
소중한 희망 몇 개만 북돋운다.

가만히 가슴에 손 모으면
가까이서 봄 오는 소리 향긋하다.

먼 길을 가려면

인생길은 머언 길입니다.

머언 길을 가려면
짐을 가볍게 해야 하지요.

사랑과 희망으로도 벅찬데
미움과 걱정은 덜어냅시다.

현자의 좌우명

일보일경(一步一景)
일풍일심(一風一心)
향속제중(向速諸重)

현대인의 꿈

도서관을 바라보면서
현자가 되는 꿈을 꾼다

주식 부자의 스토리를 들으면
나도 부자 된 꿈을 꾼다네

책을 읽고, 수고하지 않으면
현대인의 꿈은 가상현실.

꿈을 이루려면
꿈에서 깨어나야 한다네.

오늘에게

나는 그대를 오늘이라 부른다.
오늘이 나의 전부이니까.

나는 나를 내일이라고 부른다.
나는 꿈이 있는 사람이니까.

어제 일은 잊자
오늘과 내일을 위해.

큰 스님의 차 한잔

통도사에서 서운암으로 오르는 사잇길 안에
큰 스님의 토굴이 있다네

부처님의 미소를 가진 큰스님.

중생 길손들에게도 귀한 차 내어주니
모두의 얼굴에서 부처님의 미소가 피어오르네.

차향에 저절로 눈을 감고
한 모금 마시니,

아! 열반이다.

서운암 장독

서운암 장독들은
이른 새벽 목탁 소리에 깨어난다.

낮에는 따듯한 햇살 담고
밤에는 달빛, 별빛을 담는다.

여름 장맛비 수행하듯 견디고,
겨울 함박눈에 포근하게 덮인다.

아기를 품은 엄마처럼
장을 품고 고운 세월을 담는다.

투박한 장인의 손으로 태어나
부드러운 보살님 품에서 살다
출가하여 서운암에 모인 장독들.

떠나보낸 시주 보살의 시를
하나씩 안고 있었다.

세월에 장맛이 익듯
목탁 소리 쌓이고 쌓여 시는 맑은 염원이 되었다.

장독대 고즈넉이 바라다보면
시를 읊듯 염불 소리 아득하게 들린다.

저녁 종소리 은은히 먼 하늘에 닿아
별빛 내린 시 울타리
서운암의 장독들은 시를 읽으며 잠이 든다.

마음 길 따라 다시 찾은 서운암
장독들 바라보며 비로소 알았다.

내 가슴 빈 장독엔 온통 너의 시가 담겨 있음을.

여의도 소나무
To 권우석 _ 수은 가족에 대한 헌시

풀등에서 뭍이 된 여의도에는
한강을 닮은 소나무가 있다.
흐르는 강물처럼 시나브로 시나브로 자랐다.

높은 빌딩 숲 아래 작아 보이지만
자태 당당한 여의도 소나무
낙엽송과 풀꽃과 가로등과도 잘 어울렸다.

여의도 소나무는
먼 곳에서 불어오는 풍문에 흔들리지 않고
검은 고니가 날아와 앉아도 그 무게를 견디었다.

나무들도 저마다의 아픔이 있다.
아픔을 품고 매일 변하여 한결같은 것.

한결같이 다정한 소나무가 있어
여의도는 언제나 아름다웠다.
벚꽃 피는 봄에도, 눈 덮인 겨울에도.

팔감회칙

여덟 사람이 모여
하루 여덟 번 감사하기로 하여
팔감회라 지었다.

이른 아침
새날 하루를 선물 받는 것은
얼마나 감사한 일인가.

오늘 하루 할 일이 있음을 감사하고, 감사하자
눈코 뜰 새 없이 바쁜 날은 일을 마치고라도 감사하자.

문득 깨우침 하나 얻게 되면 즉시 감사하자
배움은 끝이 없어 좋아라.

점심 먹고 걷는 길에
따뜻한 햇살, 솔솔 부는 바람,
가끔은 종일 비 내리는 풍경도 감사하자.
우리는 모든 자연으로 산다.

노을 지는 저녁
멀리서 누군가 나를 위해 기도하는 사람

일곱 분 이상 있음에 감사하고,
그들을 위해 나도 기도하자.

수고하여 힘들 때
아직 수고를 감내할 건강을 허락함에 감사하자.

잠자리에 들 때
오늘도 수고한 자신에게 감사하자.

그리고 나머지 하나는 각자 자유.

꽃그늘

꽃나무 그늘에 앉아
물소리, 바람 소리를 듣는다.

눈 떠 꽃 올려보니, 꽃이 나를 보고 미소 짓고
물끄러미 물 바라보니, 물이 반가이 웃는다.

너 참 이쁘다고 하니, 너도 참 멋있다고 화답하고
졸졸 잘도 흐른다고 말하니, 너도 참 잘 흘러왔다고 대답한다.

봄바람 다가와
세상 속에 또 다른 세상이 있다고 속삭일 때
그 말에 홀려, 나는 어느새 선인이 되어있다.

세상 속에 살아도 멀리 세상을 바라볼 때,
비로소, 세상은 참! 아름답구나.

번뇌가 많은 그대여!
꽃그늘 천국에 낮게 누워 살포시 눈을 감아보렴.

명동역 부근

이곳에는
일 년 열두 달 폐업정리 세일하는 옷 가게가 있다.
종종 새로운 물건이 진열되고
그때마다 손님들이 붐빈다.

한 점포 건너
365일 내내 신장개업 광고판을 내건 국밥집도 있다.
내가 그 가게에 단골이 된 지도
벌써 두 번의 겨울이 지나간다.

소문에
집안에 굴러다니던 조선백자 사발을
개밥 그릇으로 사용하였는데,
지나가던 객이 보물임을 알아보고
집안의 제기(祭器)까지 다 사주어
그 돈으로 국밥집을 개업할 수 있었다고 한다.

옷 가게 여사장은
장사가 지지부진하고, 반품 진상손님에 시달리다
폐업을 결심하고 광고하였는데,

웬일인지 그날부터 재미가 제법 쏠쏠하여
부득이 계속 영업 중이라고 웃는다.
국밥집 주인장은
자기는 늘 첫날 손님을 맞았던 즐거운 마음으로
가게를 꾸리므로 매일매일이 신장개업이 맞다고 우긴다.
그의 웃음에 나는 더 크게 웃으며 신장개업 라이터를 켰다.

늘 시작하는 마음과
언제라도 마무리하려는 심정이
한 집 건너에 있었다.

나는 생각이 많다.
그들은 내 몸무게의 8할은 아마도 머리에 든 생각의 무게일 것이라고
추켜세운다. 거짓말도 순수하면 고맙다.
비운다. 비워야지 하면서도 오늘 또 오지랖에 사연 하나 더 늘었다.

생각해 보면
나는 자고 일어나 국밥집에 가면 이 세상의 첫 손님이었고,
해 저문 저녁 옷 구경하는 날에는 파시(罷市)의 마지막 객이었다.

오늘도 이곳 명동 저녁 골목엔
이방인들이 점등 가로등 아래
기웃기웃 신기한 눈빛으로 장을 보고 있다.

신기할 것도 없고, 통속할 것도 없는 나는
태어난 고국에서도 늘 이방인이었다.
아니다, 점포도 없고 팔 무엇인가 없는 이는
이곳에선 모두 이방인이었다.

우리는 이방인이 되지 않기 위해 매일 일을 하고,
가끔 시를 쓴다.
아침에는 신장개업, 저녁에는 폐업 정리를 하지만,
매일매일 이곳에 점포를 갖는 꿈을 꾼다.

무명 가수

그의 가창력이 가장 빛을 발할 때
기타는 가는 소리마저 숨을 죽였다.

그의 음률은 바람이 되어
내 마음속 풍경을 울렸다.

나는 가슴이 못내 시렸지만
눈물을 견디며 그의 감긴 눈빛을 응시했다.

그는 몇 번이나 울고 울어서
눈물이 말라 속으로 속으로 울고 있었다.

노래가 끝나고 가만히 그가 눈을 떴을 때
이미 진 노을빛이 그의 눈빛에 가득 담겨 있었다.

그의 이름이 몹시 궁금해 물었지만
그의 이름을 정확하게 아는 이가 없었다.
그는 무명 가수다.

하지만, 정말 소중한 유일의 순간엔
누구와 구별할 이름 따위가 필요 없었다.

그는 둘도 없는 나의 멋진 가수다
나는 그냥 그를 나의가수라고 부르기로 했다.

빚

삶이 덧없다고 합니다.
빚도 없으면 좋겠습니다.

오래 살다 보니
살면서 이런저런 빚이 많습니다.

부모형제, 선생님, 선후배님
고마운 님들께 빚진 것이 너무 많습니다.

물론 은행 빚도 있고
세간살이 카드 빚도 있지요.

빚 다 갚으려면
오래오래 살아야겠습니다.

먼 곳에서 찾아온 친구
꼭 놀러 가겠다고 송별하니,
오늘 빚이 하나 더 늘었습니다.

삶은 빚이 늘어가는 여행입니다.

비로소 꽃이 되었다 __ 94

스님의 물고기

어느 바닷가 마을 어린아이가 동자승이 되었네
엄마 아빠 떠난 끝없는 바다를 보며 자랐다네.

불법을 깨우치고, 어느 깊은 산사의 주지 스님이 되었네
스님은 어린 시절 눈부시게 빛나던 바다를 잊을 수가 없었네
그 바다에서 놀던 물고기도 그리웠네.

스님은 풍경 끝에 물고기 조각을 만들어 달았네.

어느 날, 바람에 흔들리는 물고기를 올려다보니
푸른 하늘이 파란 바다로 보였네.

스님의 눈은 크게 놀라 물고기의 눈처럼 큰 동그라미가 되었네.

스님의 물고기 한 마리가 푸른 하늘을 파란 바다로 바꾸어 주었네.
도를 깨우친 산사의 주지 스님은
깊고 깊은 산사에서도 넓디넓은 바다를 본다네.

11월

빠알간 부사는
두어 번 서리 맞고
11월에 비로소 제맛을 찾는다.

잎새들도
찬바람 스며들 때
꽃보다 고운 단풍이 되지.

인생도
두어 번 아픔 겪고
아물고 여물 때

슬픔도 상처도
쓸쓸함도
추억으로 별이 된다네.

11월은 가을!
마저 영글어 가야 할 때

서리 내려도
단풍이 있는 한 아직 가을이리니.

예순 내 친구

말처럼 그리 쉬운 것은 없었다
마음 다하여도 끝내 이루지 못하는 희망도 있었다.

그래도 가끔은
부작용으로 명약을 발견하듯
방황 중에 뜻하지 않은 행복을 얻는 세월도 있었다.

조금은 외로워도 괜찮다고
어차피 인생은 혼자라고 뇌이면서도
외톨이가 두려워 끼웃끼웃 살았다.

세상이 싫어져 혼자 있을 때도
마음은 늘 세상살이에 부대끼며 살았다.

한때는 내 일보다도 남 일로 더 울었고
세상 슬픔이 내 상처보다 더 아팠다.

최선을 다했기에 후회는 없다.
아직 하고 싶은 멋진 일이 너무 많은데, 벌써 예순.

뒤돌아보니
지나온 길이 대견하기도 하고, 아쉽기도 한데
이제 다시 돌아가기에는 너무 멀리 왔다고

푸념인지, 회한인지, 자랑인지
아리송하게 말이 많아진 예순 내 친구.

겨울나무

겨울 나목은 헐벗은 자태로
북풍한설을 견딘다.

세상 모든 것이 다 얼어도
끝내 얼어붙지 않는다.

겨울나무는
이미 봄을 품고 있기 때문이다.

희망을 품고 사는 이도 그렇다.
헐벗고 힘들어도 결코 포기하지 않는다.

오지 않는 봄은 없다.

나이가 든다는 것

인생은 슬픈 가사를
경쾌한 멜로디로 노래하는 것.

말을 모르는 어린아이에겐
인생은 마냥 흥미롭기만 하네.

나이를 먹으며
말의 의미를 알게 될수록
인생은 슬플 수밖에.

가사가 더 슬플수록
더 신나는 멜로디를 찾네.

나이가 든다는 것은
신나는 멜로디 중에도 속 눈물을 살필 줄 아는 것이라네.

무풍한솔길 걸으며

살아서 걷는 극락 길
무풍한솔길.

한 걸음, 한 걸음마다
한 풍경, 한 사연이 비켜 지나간다.

운명의 바람 앞에
머리 숙이고, 비틀어지고, 상처받아
춤추는 소나무가 되었는가.

이승의 모진 몸부림조차
이곳에선 깨달음의 춤이 되는구나.

고요 속에, 흔들리며
자신을 불살라
무명의 어둠을 밝힌 경봉의 촛불처럼

노송들은
한 시절 번뇌의 흔들림을
고요한 곡선의 자태로 감내하여 해탈의 가르침을 주는구나.

작은 슬픔에도
파르르 함께 떠는 영혼이 아름답다.

힘겨운 고통 속에서도
끝내 미소 지으며 춤추는 영혼이 아름답다.

어우러져 긴 세월 함께한 등 굽은 노송들이
길손들을 품어 가르침을 주는 길.

나는 오늘도
사바의 극락길을 걷는다.

한 걸음, 한 바람마다
소나무가 춤을 춘다.

한 걸음, 한 시선마다
자장을 만나고, 부처를 만난 듯
환희에 젖는다.

살아서 걷는 극락길, 무풍한솔길.

셋. 햇살로 피어나다

삶과 사랑, 그리고
그리움의 끝에서 다시 피어나는 우리

비로소 꽃이 되었다 __ 108

엄마는 달

달님은
그대가 어둠 속에 있을 때 찾아오지요
어둠 속에서 길을 잃지 말라고

달님은
그대가 힘이 들 때 찾아오지요
작은 빛이지만 힘이 되어 주려고

달님은 한 번도
지구에게 등을 보여주지 않았어요
그대 지친 뒷모습 등에 지고 있으니,

그대는
빛나는 앞 모습으로만 살아가라고.

너를 보고

사람마다 그런 순간이 있다
마음이 한없이 행복해지는

순이는
갓난아기의 웃는 얼굴을 볼 때

철수는
하얀 구름 딱 한 점 흘러가는
푸른 하늘을 볼 때

민지는
살찐 고양이 나비를 볼 때
그랬다고 했다.

스물일곱 살에 나도
그런 순간이 있음을 알게 되었다

너를 보고.

봄비 보다

봄비는
창 안에서도
젖는다.

내리는 것이
아니라
스며드는 봄비

봄비를 보다가
네가 생각났다

너는 이미 내게
스며들어 있었나보다.

말린 꽃

기쁜 날
행복했던 기억 잊을까 봐

그대가 주신 꽃
고이 말리어
내 창가에 두었습니다.

추억 향기
한 아름 품고 있는
그대 숨결 담은 꽃

가는 바람에도 손 흔들며
날 보라 합니다.

말린 꽃 바라보면
꽃잎마다 그대의 미소가 보입니다

그 미소 떠오르면
내 마음 환하게 다시 피어납니다
늘 그날 그때처럼.

능소화

사실은
5월의 빨간 장미보다도
뜨거운 꽃이다.

한여름 주황으로 쏟아지는 햇살 그대로 안아
노란빛 가득 품은 붉은 색 꽃으로 피었다

갓 피어나도 우아하고
시들어도 아름다운 능소화

잠 못 이루는 열대야
기약 없는 기다림마저도
달님처럼 달래주는 꽃

장맛비에 후두둑 후두둑 떨어져서도
그대 자태는 소화처럼 고매하구나.

장대비 바라보며

비가 오면 생각이 많아진다.

수 많았던 만남과
특히 어쩔 수 없던 이별들이 생각난다

어떤 비는 구슬땀처럼 보이고,
어떤 비는 뚝뚝 흘렸던 눈물처럼 보이고.

만남과 이별,
그리고 이별과 만남의 공백 사이에 내리는 비는
왜 그리도 처량하던지

쏟아지는 장대비 하염없이 바라보면
생각에 생각이 내려와 쌓이고
빗소리도 비 내림도 망각하는 순간이 있다.

한 바가지 눈물로 모든 슬픔이 씻기듯
튀는 장대비 바라보며 이별들을 생각하면
서글픈 추억들도 슬프지 않다.

수많은 이의 슬픔을 씻어 내려고
장대비는 수억의 방울들로 이리 내리고
하늘은 어둑어둑
번개와 천둥으로 씻김굿을 하는구나.

이 세상에 영원한 것은 없다고,
슬픔마저도.

가을이다

가을이 오니
잎들도 모두 꽃이 된다.
바람은 모두 추억으로 분다.

꽃이 질 때보다
낙엽이 질 때 더 쓸쓸한 그대

하늬바람 풍광 속에
풍경이 된 그대

가는 이도 보는 이도
누구나 시인이 된다.

아! 가을이다.

함께 가을을 기다림

옛 시인은 춘래불사춘이라고 했지요
봄이 왔건만 봄 같지가 않구나.

가을을 좋아하는, 가을 내님은
추래불사추라고 하네요
가을이 왔건만 가을 같지가 않구나.

설한에 따뜻한 봄을 기다리는 마음과
폭염에 청명한 가을을 기다리는 심정이
매한가지입니다.

아직 멀리 있는 듯
불러도 손짓해도 오시지 않으니

가만히 창가에서 기도할 수밖에
얼른 오시라, 가을아!

낙엽의 꽃말

가을바람에
낙엽 한 잎
제 창가에 떨어집니다.

여름날 씩씩하고 푸른 자태로
작열하던 태양과 휘몰아치는 태풍을 견디며
모든 것을 나무에게 쏟아부은 나뭇잎

이제 빛바래고 여위어
짐이 된다고 나무에서 스스로 떨어졌습니다.

문득, 어머니가 생각납니다.

다 내어주고 빛바래었지만
꽃보다 고귀한 추억을 품은 낙엽
꽃말도 어머니를 닮았습니다.

낙엽의 꽃말은 기다림입니다.

비로소 꽃이 되었다 __ 126

가을하늘 편지

뜨거운 한 철 지나고
아팠던 한때 지나고
문득, 가을은 온다.

푸른 하늘에 새깃구름
가만히 가만히 쳐다보면

안녕이라고 손 흔들기도 하고,
무심히 지나가기도 하고,
빙그레 웃기도 한다.

가을하늘은 푸른 편지지
가을바람은 속닥속닥 우체부

사연은 내 마음대로 읽고,
환하게 웃게 되는 가을하늘 편지.

짜장면

우리 가족 좋은 날이면
늘 짜장면을 먹었다

아빠 따라
짜장면 곱빼기를 먹으면
행복도 두 배로 늘었다

노란 단무지를
아삭아삭 신나게 깨물면

엄마는 함박 웃으며
짜장면을 덜어 주셨다

지금도 좋은 일이 있으면
나는 짜장면이 먹고 싶다.

짜장면을 먹으면
엄마 생각이 난다.

언젠가부터
외로울 때도
나는 혼자서 짜장면을 먹고 있었다
어쩌다 슬플 때는
혼자서 짜장면 곱빼기를 먹는다.

혹시 눈물이 날까 봐
매운 고춧가루를 뿌린다.

내가 짜장면을 먹으며
간혹 눈물이 맺히는 것은,
엄마 생각 때문이 아니라
매운 고춧가루 때문이다.

홍대 부근

구름은 바람에 흩어지고
기억은 세월에 흐려지는 법

바람 불고 세월 지나가니
구름도 없고 기억도 아스라하네.

끝내 깊게 새긴 사랑의 흔적마저
온데간데없는데.

소나무 그림 한 점
기타 소리에 황홀히 젖었네.

조약돌이 된 내 친구

그대
모질고 허우대 큰 돌이었다.

안으면 내 가슴이 아픈

비바람에 깎이고
세상사에 구르다 보니 작아졌구나

깎이고 작아져서
맨들맨들 아기 피부 조약돌이 되었네.

이제 맨살로 볼 비벼도
간질간질 즐겁기만 하네.

어! 나도 그랬다고?? ^^

나무에게

몰라서 그렇지
알게 되면 푹 빠지게 되는 사람이 있다
그는 나무 같은 사람이었다.

1인칭과 3인칭으로 살아온 나는
사랑을 몰랐다.

들판에 한 그루 앙상한 나무를 보고 문득 슬펐다
봄이 오니 꽃을 피웠고, 여름 오니 푸른 잎이 무성하였다.

가을에 그를 닮고 싶어 나도 나무가 되었다
그때 사실은 나도 나무였음을 깨달았다.

겨울에 다시 앙상한 나무가 되었지만 슬프지 않았다
그와 함께 꿋꿋하게 겨울을 날 수 있기에

나무에게 계절은 변화였다.
나무는 계절 따라 변화하여 늘 변하지 않는다.

나무는 나무를 만났을 때 가장 단단하다.
바람과 비와 햇살은 나무를 더욱 단단하게 키워낸다.

서로 닮은 나무는
죽어서도 짜 맞춤으로 안고 천년 세월을 함께한다.

비 내리는 한밭수목원

황순원의 소나기가 내리던 날
우리는 한밭수목원으로 갔다.

2층 테라스 카페에서

이제 주인이 된 이방인 화가와
이제는 객이 된 시인과
옛날부터 토박이인 노총각이
커피를, 허브차를, 유자차를 마시며
각자의 수목원을 회상했다.

비를 조용히 바라보던 옆자리 노신사는
손수건을 꺼내 천천히 피아노를 닦고
건반을 열어 손을 올려놓았다.

이윽고
그의 손가락이 세월의 깊이를 담아
건반을 누를 때마다 피아노는 감탄했고,
비도 선율에 맞추어 춤을 추었다.

그가 세 번째 곡으로
리처드 막스를 연주할 때
내 심장은 선율보다도 먼저 춤을 추기 시작했다.

그때 이제 주인이 된 이방인 화가가
더디게 그린 나비가 테라스를 화폭으로 날았고,
토박이 참새도 날아와 또란거렸다.
비는 세차게 나뭇잎과 박수치며 갈채를 보냈다.

영원을 기약하는 노래 속에서도
시간은 흐르고
세찬 빗속에서도 기차는 온다.

인생의 절반은 영원을 기약하며 보내고,
나머지 절반은
이미 예약된 열차의 한 좌석에 의지해야 함을 아는 우리는,
세찬 비를 맞으며 떠나야 한다는 것을 아는 우리는,

다음을 기약하며
열대관 앞에서 손을 흔들었다.

그의 손짓에 내 마음의 건반이 심하게 울렸지만
나는 차를 두 잔이나 마신 탓이라고 꾹꾹 나를 다독거렸다.

역으로 가는 차창을 두드리며 세찬 비는 계속 내리고,
온통 장맛비 어스름 속에서도
멀리 한밭수목원은 환하고 아름다웠다.

스치거나 스며들거나

외로움이 고독에게 물었다
스쳐 가는 것과, 스며드는 것은

고독이 외로움에게 대답했다
스쳤다고 생각나면, 이미 스며든 것.

노을이 하는 말

그대는
노을 보면 무슨 생각나는지요?

오늘 노을은
참 멋진 그 분을 닮았네요

이렇게 멋진 노을이
그대에게 말해 주네요

오늘도 수고한 당신이 더 멋지다고.

심금(心琴) 친구

누구나 가슴 속에
비파 하나씩 있다.

봄바람에 떨리고
가을 청명한 하늘에 울린다

슬픔이 기쁨이 될 때
기쁨이 슬픔이 될 때
가끔 통곡을 한다

떨림이 같은 이를 만나면,
따라 울리고, 신명이 난다.

그대가 신나면, 나는 춤을 추고
그대가 슬프면, 내 가슴 먹먹하다.

먼 곳에 있어도 그대만 그립다.

송년에는 밤이 길다

기쁨은 그날그날 소비되고
슬픔은 한동안 축적되는 것이어서

송년에는
알게 모르게 슬픔이 배어있다.

송년은 기억하고 떠나보내는 것
술 한잔에 슬픔 하나씩 송별하자.

내 권주로 그대가 위로되고
그대의 술로 내가 위로받는 송년.

이 세상 슬픔을 모두 마시고
마침내, 온전한 축배의 잔이 넘치도록

송년의 밤은 기일다.

내 마음의 안식처

한때는 꽃밭이 좋았습니다.
하얀 꽃, 노란 꽃, 분홍 꽃
제각기 예쁜 꽃들과 생각을 나누면
시간 가는 줄 몰랐습니다.

한동안은 산이 좋았습니다.
말 없는 그의 넓은 품에 안기어
세속과 떨어져 시원한 계곡물과 산들바람 부는 정상을 누리면
하늘 아래 첫 번째로 행복한 사람이 되었습니다.

어느 날, 사랑이 찾아왔습니다.
꽃밭이든, 산이든, 강가든
그와 함께 있는 곳이 천국이었습니다.

사랑이 떠나간 후
꽃밭에서 그림을 그리고, 산에서 노래를 부르며
그를 잊으려고 애썼습니다.
그럴수록 그의 생각에 아픔이 더 했습니다.

꽃들이 다시 피고,
산이 다시 푸르게 됨을 보는 것이 쉽지 않았습니다.

이제는 꽃밭에서도 행복하고,
산에 가도 행복하고, 바다에 가도 행복하고,
집에 있으면 더 행복합니다.

내 마음의 안식처는
사랑하는 사람과 함께 있는 곳입니다.

그대와 저녁 커피

그대와 마시는 저녁 커피에는
시가 열 개나 담겨 있다.

나는 천천히 한 모음에
시 하나를 마신다.

그대의 웃는 눈을 보며
눈웃음으로 한 모금
그대의 웃음소리를 들으며
웃으며 한 모금
천천히 아껴서 장단을 맞추어 마신다.

커피에는 어느새
내 인생의 고단함과
그대의 달달한 눈길이 녹아 있다.

창밖에 전등불 꺼지고
어둠도 커피만큼 짙어진다.

나는 이 저녁
그대의 남은 커피에 녹아
하나씩, 하나씩
그대의 시를 들려주고 싶다.

그대가 내 잔에 담은
사랑이 얼마나 소중한 것인지

사랑이 사랑을 만나면
사람이 얼마나 위대하게 되는지

그대의 커피는 이미 알고 있는데,
그대는 아직 모르는 그대의 시.

바다가 보이는 집

내가 바다를 보는 시간보다
바다가 나를 보는 시간이 길어졌다.

미치도록 바다가 보고 싶어
바다마을로 옮겨 온 지 한 철이 지났다.

하루 종일 바다만 바라보아도 그냥 좋았다
바다를 종일 볼 수 있다는 것은 내가 꿈꾸는 특별한 일이었다.

그렇게 한 철이 지나고
하루 종일 바다를 보는 것은 내게 일상이 되었다.

일상의 바다는 가끔 화를 내는 경우도 있었다
꿈의 바다와 달리 일상의 바다는 나를 많이 닮아 있었다.

풍랑 이는 바다가 무서워 바다를 떠났다.
사실은 떠나면서도 바다가 다시 그리웠지만
바다가 싫다며 여러 날을 보냈다…

기쁨은 소비되지만 슬픔과 그리움은 축적된다.
그리움이 겹겹이 쌓이어 그림 바위가 된 어느 날

바람 발길을 핑계로 바다마을로 갔다.
그때 환하게 다시 나타난 바다를 보며 비로소
나의 모든 일상이 특별한 것임을 알게 되었다.

모든 일상은 기적이다.
내가 바다가 보이는 집에서 머물 수 있는 것도
그 마을 카페에서 여유롭게 커피를 마실 수 있는 것도.

그 후로는 바다는 가끔 출렁이어도 괜찮았다.
그리움은 바다가 아니라 바다를 바라보는 나 자신이었다.

노을빛 윤슬, 그대

석양이 불그레
바다를 적시는 저녁

손짓하는 윤슬 바라보며
나는 나를 다시 응원하기로 했다.

가끔 욕심 일어 흔들렸지만
굴곡 없는 인생이 어디 있겠는가.

깊고 푸른 바다도
노을빛에 반짝반짝
나를 위해 너울춤 추는데

세파에 넘어져도
흥겹게 다시 일어설 일이다.

이다지도 아름다운 노을빛 윤슬
다시 분홍으로 빛나는 수고한 그대.

이작도 풀등

파도가 밀려오면
바다가 되었다.
파도가 밀려 나가면
뭍이 되었다.

어떤 때는
고래를 닮았다고 불렸고,
어떤 때는
고양이를 닮았다고 들었다.

나는 그냥
키가 낮은 풀등이다.

세파에 따라
잠기고, 드러난다.

달님이
그믐달이 되고
보름달이 되는 것처럼.

맺
는
시

그대가
으스대기도 하다가
풀이 죽기도 하는 것처럼.

세상에 존재하는 모든 것들은
잠기었다가 드러난다.

내가 바다에 서서히 잠기는 것과
그대가 사랑에 풍덩 빠져 그대가 보이지 않는 것과
무엇이 다르랴.

빠졌다가 다시
고래의 모습으로 나타나기도 하고,
고양이 모습 되어 춤추기도 하면 어떤가.

우리는 모두
키가 낮아서 풀등이다.

뭍이 되려고 사랑을 한다.

EPILOG

　　인생은 태어나 죽음에 이르기까지의 만남과 이별, 선택하거나 선택받으며 엮어가는 이야기입니다. 저는 문학인의 꿈을 꾸었으나, 법조인으로 선택되어 법조인 생활을 하였습니다. 그러던 중 한국문인협회 회장 선거일에 공증인으로 참석하게 되어 그곳에서 존경하는 정영자 시인님을 운명처럼 만나게 되었고, 뒤늦게 등단하여 시인이 되었습니다.

　　이제 세번째 시집을 출간하면서, 저의 시를 좋아하여 주시고 응원하고 격려하여 주신 고마운 분들께 감사의 마음을 전합니다. 우선, 늘 존경하는 정영자 시인님과 여기작가회 문우님들, 제 시를 아름답게 낭송하여 주시는 유투버 '라임아이리스'님께 감사드립니다.

　　언제나 따뜻한 격려를 아끼지 않으시는 신현수, 서종식 선배 변호사님, 남다른 응원을 하여 주는 김우찬, 최철환, 김욱균, 이준명, 김철기, 송영욱 등 동료변호사님들께 감사의 마음을 드립니다.

조양래, 최용식, 김대식, 남기욱, 강승규, 윤선정 등 양진장학회 회원님들, 권순목, 박하영, 최기남 친구들의 응원과 송종환 회장과 육공회 친구들, 김용목 회장님과 고대노동대학원 동기님들, 이상직 변호사 등 사법연수원 26기 조원님들, 소중한 모임 구룡회 회원님들의 변함없는 응원에 감사 드립니다. 서태종 원장님과 정성웅, 송영흡님을 비롯한 금융연수원 동기 원우님들, 변영훈, 송은경 대표님 등 한경협 동기님들, 팔감회 회원님들의 진심어린 응원에도 늘 감사드립니다.

특히, 이 시집을 멋지게 편집하고 제작해 주신 나목서고 정효주 대표님께 감사드리며, 출판비를 기꺼이 지원해 준 아우님과 송무 업무를 성실히 수행하여 도와주는 김진규 변호사에게도 고마운 마음을 전합니다. 그리고 누구보다도 사랑하는 가족에게 늘 고맙고 감사하는 마음을 남깁니다. 마지막으로, 이 시집을 읽어주시는 모든 독자님께 진심 어린 감사의 마음 드립니다. 덕분에 제 시가 빛남을 기억합니다. 감사, 감사합니다.

비로소 꽃이 되었다

발행일 2025년 3월 28일 초판 1쇄

지은이 김종철

펴낸이 정효주
펴낸 곳 나목서고
일러스트 ⓒ최윤서
사진 ⓒ나목

출판등록 제2023-000036호
이메일 namokworks@naver.com

ISBN 979-11-985189-1-0

저작권법에 따라 보호받는 저작물이므로 무단전재와 복제를 금합니다.
이 책의 전체 또는 일부를 재사용하려면 저작권자와 **나목서고**의 동의를 받아야 합니다.
잘못된 책은 구입하신 곳에서 바꾸어 드립니다.
책값은 뒤표지에 있습니다.